SULZBACH AM TAUNUS

1945 BIS 1975

W0293896

SUTTON
VERLAG

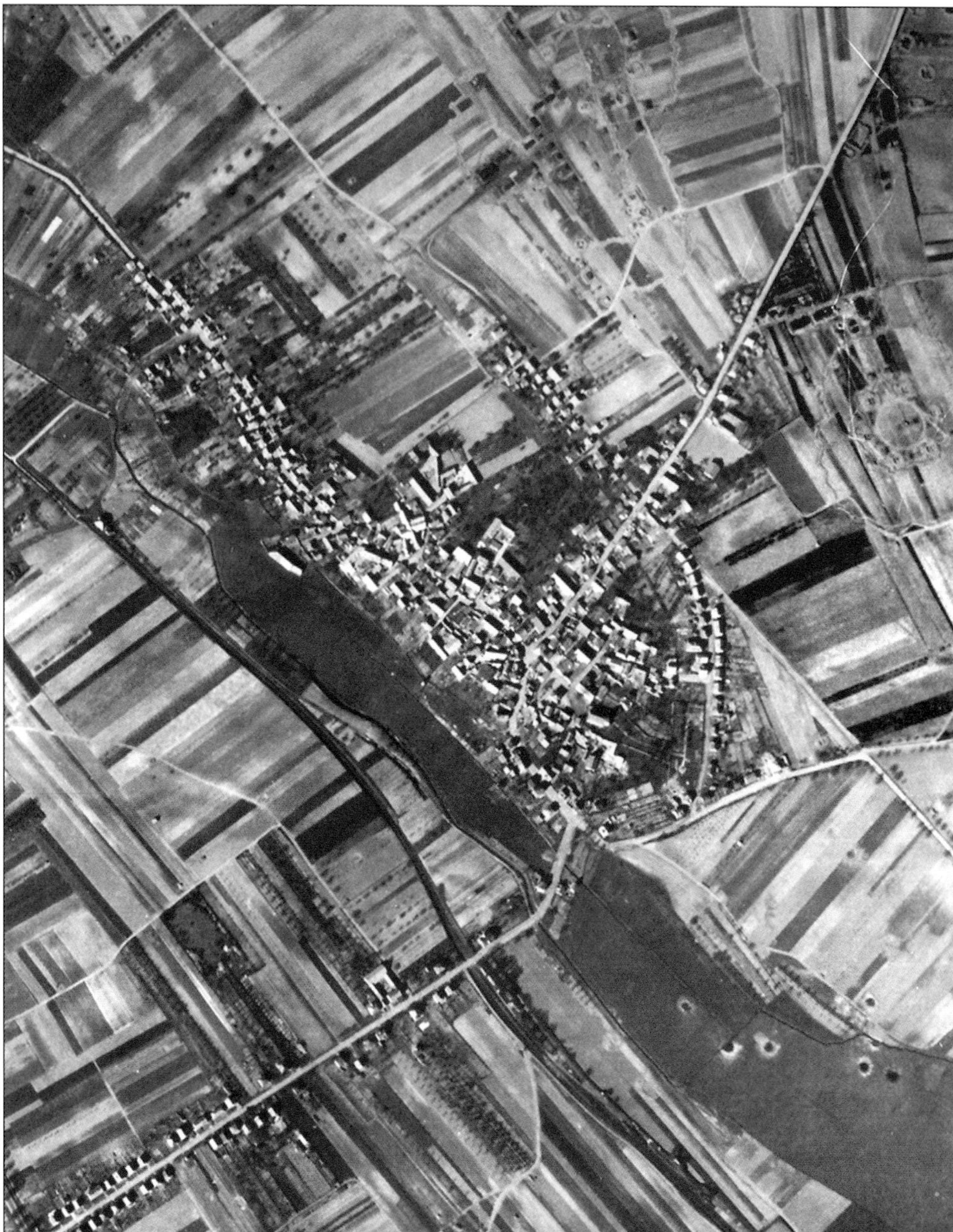

Die Luftaufnahme der US Air Force zeigt Sulzbach am 23. März 1945 aus 6.000 Meter Höhe. Am linken unteren Bildrand ist die von der alten B 8 abzweigende Einmündung der Bahnstraße zu erkennen. Nach den Bahnschienen spaltet sie sich in die Eschborner Straße und Hauptstraße ab, die sich nach links in Richtung Bad Soden erstreckt. Die Eisenbahnverbindung Bad Soden–Höchst verläuft von der linken Mitte nach rechts unten. Neben der vom Ortskern ausgehenden Schwalbacher Straße, die nach rechts unten reicht, sind links davon die kreisförmig angelegte „A"-Batterie und rechts die „B"-Batterie der Flakstellung zu erkennen.

Joachim Siebenhaar

Die Reihe Archivbilder

SULZBACH AM TAUNUS

1945 BIS 1975

SUTTON VERLAG

Der Krieg hinterließ auch in Sulzbach seine unübersehbaren Spuren. Der Einmarsch der amerikanischen Truppen ins Dorf am 29. März 1945 bildete eine Zäsur für die Gemeinde. Trotz aller Unsicherheiten waren die Bürger erleichtert, dass damit der Zweite Weltkrieg zu Ende war. Das Bild zeigt den 1942 von Fliegerbomben beschädigten Innenhof der Gaststätte „Zur Flinte“ von Karl Anthes in der Hauptstraße 23.

Bildnachweis und Danksagung
Alle Aufnahmen wurden dem Fotoarchiv des Geschichtsvereins Reichsdorf-Sulzbach 1979 e.V. entnommen. Ich möchte mich bei allen Sulzbachern herzlich bedanken, die dem Verein ihr Bildmaterial zur Verfügung gestellt haben. Ich danke auch allen, die mich bei der Zusammenstellung des Buches unterstützt haben. Bedanken möchte ich mich auch bei meiner Frau Satu, die mit Geduld und Verständnis meine zahlreichen Hobbys und Interessen toleriert. Bei den alteingesessenen Sulzbachern werden beim Betrachten der Fotos möglicherweise persönliche Erinnerungen geweckt, den Neubürgern und der jüngeren Generation bietet dieses Buch Gelegenheit, sich über die Vergangenheit ihres heutigen Wohnortes zu informieren.

Sutton Verlag GmbH
Hochheimer Straße 59
99094 Erfurt
www.suttonverlag.de
Copyright © Sutton Verlag, 2013

ISBN: 978-3-95400-249-8
Druck: Beltz Bad Langensalza GmbH

INHALTSVERZEICHNIS

EINLEITUNG

Sulzbach, ein ursprünglich landwirtschaftlich geprägtes Dorf, liegt im nordöstlichen Teil des Main-Taunus-Vorlandes. Der genaue Zeitpunkt der ersten Besiedlung ist nicht bekannt. Die einstige Bezeichnung „Stoltzbach“ lässt auf eine frühe fränkische Besiedlung schließen, da auf „-bach“ endende Ortsbezeichnungen während der zweiten fränkischen Siedlungsphase, also um 700, im Untermaingebiet entstanden sind.

Am 17. Januar 1035 wurde die Gemeinde in einer lateinischen Urkunde erstmals schriftlich erwähnt, die die Schenkung des Kaisers Konrad II. und seiner Gemahlin Gisela an das Kloster Limburg an der Haardt bezeugt. Die in Sulzbach befindlichen Liegenschaften gingen hiermit in den Besitz des Klosters über. Siedlungsfunde aus der Zeit der Bandkeramik belegen allerdings, dass sich hier schon sehr viel früher Menschen angesiedelt haben.

Sulzbach gehörte zum kaiserlichen Fiskus. 1349 verpfändete Kaiser Karl IV. das Reichsdorf an Philip von Falkenstein. Die Reichsfreiheit und damit die Unabhängigkeit von der Kurmainzer und Frankfurter Hoheit bestätigten die Kaiser immer wieder. Bis heute lehnen sich die Sulzbacher gegen die Einschränkung ihrer Selbstverwaltung auf. Als Sulzbach 1974 im Zuge der hessischen Gebietsreform seine Selbstständigkeit verlieren und nach Bad Soden eingemeindet werden sollte, wehrten sich die Einwohner unter Führung ihrer gewählten Volksvertreter heftig. Mit Erfolg – die Gemeinde blieb selbstständig.

In diesem aus mehr als 200 Bildern bestehenden „Fotoalbum“ werden nicht nur hiesige Ortsansichten und Gebäude im Spiegel der Zeit abgebildet, sondern mit den bisher unveröffentlichten Aufnahmen wird dem Betrachter auch ein Einblick in den Alltag der Nachkriegszeit und der „Wirtschaftswunderjahre“ in Sulzbach ermöglicht. Dem Leser sollen zudem die gesellschaftlichen und kulturellen Höhepunkte im dörflichen Leben dieser Zeit vor Augen geführt werden. Aus diesem Grund sind die „Dörfler“ Hauptakteure dieses Bildbandes. Da Amateurfotografen deren in die Ereignisse dieser Zeit eingebundenen Handlungen für einen bedeutsamen Bruchteil einer Sekunde fotografisch festgehalten haben, konnten diese für die Nachwelt überliefert werden.

Dieses Buch ist allen Lesern gewidmet, die Interesse an der Ortsgeschichte der Gemeinde Sulzbach am Taunus, ihren Vereinen und den Zeitgeist dieser Epoche haben.

ORTSCHRONIK VON 1945 BIS 1975

1945 • Mit dem Einzug amerikanischer Truppen endet für Sulzbach am 29. März 1945 der Zweite Weltkrieg. • Am 19. Mai setzen die US-Streitkräfte kommissarisch eine Zivilverwaltung ein, die aus dem Bürgermeister Heinrich Kleber und drei Beiräten besteht. • Im Saal des Gasthauses „Frankfurter Hof" wird unter der Leitung von Schwester Margarethe der erste Sulzbacher Kindergarten eingerichtet.

1946 • Die „Flurbereinigung" in der Gemarkung beginnt. • Der Ortsverein der bereits vor 1933 bestandenen Arbeiterwohlfahrt (AWF) wird wieder gegründet.

1947 • Sulzbacher Bürger gründen eine Baugenossenschaft mit dem Ziel, Wohnraum für Flüchtlinge und Heimatvertriebene zu schaffen. • Aufgrund des Zusammenschlusses der Sportgemeinde und des TV Sulzbach entsteht die Turn- und Sportgemeinde Sulzbach (TSG Sulzbach).

1950 • Die Stromversorgung wird von 110 V auf 220 V umgestellt. • Der Ortsverband der Kriegshinterbliebenen und Kriegsgeschädigten Deutschland (VdK) wird gegründet.

1951 • Die evangelische Kirche erhält als Ersatz für die während des Krieges eingezogenen Glocken zwei neue. • Einweihung des Kindergartens in der umgebauten Scheune der evangelischen Kirchengemeinde.

1952 • Bau der katholischen Kirche. • Anschluss an das Gasnetz der Hessen-Nassauischen-Gas AG. • Abschluss der „Flurbereinigung".

1953 • Das Sulzbacher Wappen, der Sporn, wird amtlich genehmigt. • Die Jugendorganisation „Die Falken" wird gegründet.

1954 • Einweihung des Dorfgemeinschaftshauses. • Sulzbach erhält eine Gemeindefahne in Rot-Gold-Rot, das Wappen ist in Gold und Rot gehalten. • Heinrich Kleber wird als Bürgermeister in seinem Amt bestätigt.

1955 • Das Volksbildungswerk wird gegründet.• Einweihung der Kühltruhenanlage im Dorfgemeinschaftshaus.

1956 • Errichtung eines Kinderspielparks mit der bis heute betriebenen „Krokodilschaukel". Der Spielplatz erhält 1958 im bundesdeutschen Wettbewerb „Hilfe durch Grün – Kinderspielplätze und Kleinsportanlagen für Erwachsene" die höchste Auszeichnung. • Neubau der Druckerhöhungsanlage („Wasserwerk") an der Ecke Bahnstraße und Lergesberg. • Umstellung des Milchviehbestands auf TBC-freie Tiere.

1957 • Baubeginn der sogenannten Farbwerkssiedlung der Hoechst AG. • Der Landfrauen- und der Brieftaubenzuchtverein „Heimatliebe" werden gegründet. • Die Dusch- und Umkleideräume der TSG am neuen Sportplatz in der Hauptstraße werden fertiggestellt. • Für das Umladen von Zuckerrüben von bäuerlichen Anhängern auf Bahnwaggons wird ein Verladewagen angeschafft.

1961 • Errichtung eines Mahnmals zur Erinnerung an die gefallenen und vermissten Bürger. • Durch Trennung der Fußballabteilung von der TSG entsteht der 1. Fußballclub Sulzbach. • Der Motorsportclub wird gegründet. • Der Bahnübergang in der Bahnstraße wird durch automatische Halbschranken und Blinklichter gesichert. • Erster Spatenstich zur Errichtung der Cretzschmar-Schule.

1962 • Baubeginn des Main-Taunus-Zentrums. Nach amerikanischem Vorbild entsteht auf dem vormals landwirtschaftlich genutzten Areal parallel der Bundesstraße 8 das erste Einkaufszentrum Europas. • Der Sulzbach oder „Hanelbach" wird in den heutigen Bachverlauf verlegt.

1963 • Karl Reinke wird Nachfolger von Bürgermeister Heinrich Kleber. • Die Cretzschmar-Schule wird als Ersatz für die „alte Volksschule" am heutigen Platz an der Linde eingeweiht. • Der Kleingartenverein Taunus e.V. Sulzbach wird gegründet.

1964 • Das Main-Taunus-Zentrum wird unter dem Motto „ab Mai dabei" eröffnet. • Das evangelische Gemeindehaus wird eingeweiht. • Das katholische Gemeindehaus mit dem Pfarr- und Jugendheim wird seiner Bestimmung übergeben. • Erstmals erscheint „Der Sulzbacher Anzeiger" als wöchentliches Publikationsorgan der Gemeinde. • Die Schulturnhalle der Cretzschmar-Schule wird eingeweiht. • Aufgrund einer Ende September ausgebrochenen Paratyphus-Epidemie werden Schule und Kindergarten geschlossen und alle öffentlichen Veranstaltungen abgesagt. Die Volksschule wird zum „Notlazarett" umfunktioniert.

1965 • Hundeliebhaber schließen sich zum Verein Talacker im Verband Deutscher Schäferhunde zusammen. • Nach 15 Jahren „Abstinenz" wird von der TSG erstmals wieder ein Kerbebaum errichtet. • Die Limesspange wird dem Verkehr übergeben.

1966 • Erweiterung der Cretzschmar-Schule mit dem dritten Klassentrakt.

1967 • Bau des Kreisgymnasiums, der „Eichwaldschule". • Sulzbacher Sportschützen gründen den Schützenverein 1967.

1968 • Eröffnung des kommunalen Kindergartens Unterm Waldweg.

1969 • Fertigstellung der Eichwaldhallen mit Restaurant. • Einweihung der Trauerhalle auf dem neuen Friedhof. • Die Grünanlage zwischen Cretzschmar-Schule und Rathaus (heute Heinrich-Kleber-Park) wird der Bürgerschaft übergeben.

1971 • Einweihung des katholischen Kindergartens in der Neugartenstraße.

1972 • Erweiterung des Dorfgemeinschaftshauses um einen großen Saal und eine Teeküche.

1973 • Im Ortskern, dem „Dalles", werden die Gasthäuser „Zum Taunus", „Zum Schützenhof", die Kernschmiede sowie das zur Postfiliale umgebaute alte Rathaus abgerissen. • Das Dorfgemeinschaftshaus wird zum Rathaus umgebaut und um ein zweites Obergeschoss aufgestockt. • Der Akkordeonclub wird gegründet.

1974 • Als die Gemeinde im Zuge der hessischen Gebietsreform ihre Selbständigkeit verlieren soll, wehren sich die Einwohner unter Führung der politischen Vertreter und mit Unterstützung der Vereine heftig und mit Erfolg – die Gemeinde bleibt selbstständig.

1975 • Erstmals werden Ferienspiele für „daheim gebliebene" Schulkinder angeboten. • Erweiterung der Eichwaldhalle und Einbau einer Zuschauertribüne.

1

DAS ORTSBILD DER NACHKRIEGSZEIT

Die Sehenswürdigkeiten der Gemeinde Sulzbach beschränken sich auf einige Gebäude, Plätze und Denkmale. Dennoch bieten die Fotos aus der damaligen Zeit einen interessanten Einblick in die dörfliche Entwicklung. Sie zeigen zum Teil Ansichten, die sich im Zuge der Sanierung oder Erneuerung wesentlich verändert haben. Die Luftaufnahme entstand Ende der 1960er-Jahre. Auf dem Foto sind sowohl innerhalb als auch außerhalb der Ortschaft zahlreiche Flächen zu erkennen, die damals noch landwirtschaftlich genutzt wurden, heute jedoch überbaut sind und als Wohnflächen dienen. Im Vordergrund sieht man die 1963 eingeweihte Cretzschmar-Schule mit der Turnhalle. Im Hintergrund sind noch Teile der Sendeanlage der von der Bundespost betriebenen Überseefunkanlage auf dem ehemaligen Feldflugplatz und am rechten Bildrand ist die Kleingartenkolonie zu erkennen.

An der Kreuzung der Schnellstraße Wiesbaden–Frankfurt und der Bundesstraße B8 stand bis Anfang der 1960er-Jahre die Tank- und Rastanlage „Auto-Engel". Links die Tankstelle mit 20 Zapfsäulen, daneben das Dieselgebäude und Rasthaus. 1962 wurde hier das erste Einkaufszentrum Europas errichtet, der Kreisverkehr wurde von einer Brückenkonstruktion ersetzt.

Die um 1950 entstandene Ansichtskarte zeigt das Dorf aus Richtung Süden, von der heutigen Wiesenstraße aus gesehen. Links das Wohnhaus des Malers und Lackierers Ludwig Honfeck in der Bahnstraße 3 und rechts das 1906 erbaute Gebäude des Lehrers Ludwig Höfeld in der Eschborner Straße 1. Im Hintergrund die 1724 in der heutigen Form errichtete evangelische Kirche.

Im Mai 1847 wurde die 6,5 Kilometer lange Eisenbahnstrecke von Höchst nach Soden in Betrieb genommen. Das zweite Gleis, das in Sulzbach als Überhol- oder Ausweichgleis diente, wurde in den 1950er-Jahren zurückgebaut. Im Jahre 1972 wurde die Strecke elektrifiziert. Der 1870 erbaute Bahnhof wurde 1971 abgebrochen.

Das 1961 feierlich enthüllte Ehrenmal am „Dreieck“ an der katholischen Kirche stammt von dem Gießener Künstler Carl Boucarde. Die Anlage wurde Mitte der 1960er-Jahre umgebaut und mit einem Springbrunnen versehen, der nach einigen missbräuchlichen Nutzungen zurückgebaut wurde.

In Sulzbach entstand 1954 das erste im Main-Taunus-Kreis errichtete Dorfgemeinschaftshaus. Es ist hier Mitte der 1960er-Jahre mit dem davor geparkten Dienstwagen des ersten Nachkriegsbürgermeisters, Heinrich Kleber, zu sehen. Auf diesem Standort steht heute das im Jahre 2005 eingeweihte Rathaus.

Die Hauptstraße auf Höhe der Hausnummer 12. Links das Gebäude von Georg Petermann, daneben die Werkstatt des Stellmachers Jakob Anthes. Rechts befand sich der im Zweiten Weltkrieg zerstörte Bauernhof von Philipp Uhrig. Im Hintergrund ist die Gaststätte „Zum Taunus“ zu erkennen.

Blick von der Hauptstraße in die Rittergasse Ende der 1960er-Jahre. Rechts das Schlachthaus der ehemaligen Metzgerei Henninger, daneben die Scheune sowie das Kelterhaus des einstigen Gasthauses „Zur Flinte“. An der Stelle der Gebäude im Hintergrund stehen heute Stadthäuser und der Hort „Eisvogel“.

Das Gasthaus „Zum Schützenhof“ an der Schwalbacher Straße/Ecke Fronhofstraße am „Dalles“ Anfang der 1950er-Jahre. Daneben die Kernschmiede und das anschließende Wohnhaus. Die Gebäude wurden 1973 abgerissen. Heute wird das Areal als Parkplatz genutzt.

Die Schwalbacher Straße wurde aus dem Fenster von Reinhard Schmitt aus der Vogelperspektive aufgenommen. Links der Saalbau des Gasthofes „Zum Taunus", in dem bis zur Errichtung der Eichwaldhalle im Jahre 1969 die Kappensitzungen der TSG abgehalten wurden. Auf diesem Gelände steht heute das Gebäude der Frankfurter Volksbank.

Die Schwalbacher Straße von der Hauptstraße aus gesehen mit Blick in Richtung Ortsausgang. Das Foto wurde Mitte der 1950er-Jahre aufgenommen und zeigt rechts Teile der Gaststätte „Zum Schützenhof" mit der Scheune und dem Stall. Im Anschluss ist das Anwesen des Landwirtes Fritz Christian zu erkennen.

Blick in die im Volksmund als „Kirchgass“ bezeichnete Kirchstraße. Rechts der 1957er-Opel-Blitz LF 8/8 der freiwilligen Feuerwehr, dahinter das 1913 errichtete Wachlokal, in dem sich zwei Arrestzellen befanden. Anschließend der ehemalige Bauernhof der Familie Rudolph. Heute wird das Areal nach Abbruch der Gebäude als Parkplatz genutzt. Das untere Bild zeigt das Anwesen der Familie Meindl in der Kirchstraße 7. Auf dem Foto vom Anfang der 1950er-Jahre zieht Landwirt Heinrich Morhardt, dessen Hof in der gleichen Straße lag, seinen Sohn Heinrich auf einem Schlitten.

Die Fronhofstraße Anfang der 1950er-Jahre, am rechten Bildrand das Haus Nr. 12. Im Hintergrund erkennbar ist die Toreinfahrt zur Hausnummer 16, dem Fronhof, den zu dieser Zeit die Familie Adolf Christian bewirtschaftete. Der Hof war erstmals im Jahre 1280 urkundlich erwähnt worden.

Blick vom „Dalles" in die Hauptstraße in Richtung Bad Soden um 1960. Auf der rechten Seite sieht man das Friseurgeschäft von Käthe Weber, links die Scheune des Bauernhofes von Jakob Löschhorn und anschließend die Sulzbacher Konsumfiliale.

Der „Kleine Dalles“ an der Einmündung der Oberschultheißereistraße in die Hauptstraße. Links der ab 1959 von Herta Faltus betriebene Kiosk, daneben die Schmiede König.

Auf der Postkarte ist im Vordergrund der Springbrunnen des 1969 zwischen dem Rathaus und der Cretzschmar-Schule errichteten Parks zu sehen. Im Hintergrund in der Mitte erkennt man das Wohnhaus der Familie Kurt Kleinsteuber, rechts daneben die inzwischen abgerissenen Häuser Rittergasse 4a und 5a. Der Springbrunnen wurde in den 1980er-Jahren zurückgebaut.

In den zum Teil aus Holz und Mauerwerk bestehenden Behelfswohnungen in der Rittergasse 3 lebten insgesamt zehn Familien in sehr einfachen Verhältnissen. Heute steht an gleicher Stelle eine Seniorenwohnanlage. Rechts im Hintergrund das Dorfgemeinschaftshaus.

Der Bau der „Limesspange" in den Jahren 1963/64. Im rechten Vordergrund sind die Siedlungshäuser Im Erlenfeld zu erkennen sowie in der Mitte auf der linken Seite das Sportlerheim der TSG, anschließend das Steinmetzgeschäft von Peter Hornfeck und rechts daneben die Farbwerksiedlung.

2

DIE SOZIALE AUFRÜSTUNG DES DORFES

Nach dem Zweiten Weltkrieg lebten 1.750 Personen in der Gemeinde, die aufgrund des Zustromes von Flüchtlingen und Vertriebenen auf etwa 2.500 Einwohner anwuchs. Mitte der 1950er-Jahre entwickelte sich der Ort von einem überwiegend landwirtschaftlich geprägten Dorf zunehmend in eine Wohnsitzgemeinde, die eine entsprechende Infrastruktur benötigte. Zahlreiche öffentliche und kirchliche Einrichtungen entstanden zwischen 1959 und 1975. Als Synonym für die soziale Aufrüstung des Dorfes steht die Errichtung des Dorfgemeinschaftshauses. Die hessische Landesregierung beschloss im Jahre 1952, den Bau von Dorfgemeinschaftshäusern zu fördern, um die soziale Struktur in den Dörfern zu verbessern. 1954 entstand das Sulzbacher Dorfgemeinschaftshaus als erstes im Main-Taunus-Kreis. Das Foto entstand beim Richtfest des Gebäudes.

Festredner beim Richtfest des Dorfgemeinschaftshauses am 16. Mai 1954 waren neben Bürgermeister Heinrich Kleber der Architekt Hermann Jurisch und der Regierungsrat Kurt Kuhnmünch.

Die Sulzbacher Schuljugend der Jahrgangsstufe 8 führt einen Bändertanz vor. Die zahlreichen Besucher, die sich anlässlich der Grundsteinlegung auf dem Platz versammelt haben, verfolgen aufmerksam die Darbietung.

Die Einweihung des Gebäudes am 7. November 1954. Neben der Verwaltung waren darin auch ein Wannen- und Brausebad, die örtliche Gefrieranlage für die Landwirte, die Gemeindebücherei, ein Jugendboden sowie ein Gesundheitszentrum untergebracht, in dem wöchentliche Mütterberatungen stattfanden. Daneben gab es eine Hausmeister- und Schwesterwohnung.

Die Gefrieranlage wurde 1955 in Betrieb genommen. Hier ist die Zuteilung der Gefriertruhen im Keller des Dorfgemeinschaftshauses zu sehen. Von links: Lina Uhrig, Elsbeth Toscher, unbekannt, Willi Röhlig, Christa Pruß, unbekannt, August Altmüller und Helmut Anthes.

1947 gründeten sieben engagierte Sulzbacher eine Wohnungsbaugenossenschaft, um Wohnraum für Flüchtlinge und Heimatvertriebene zu schaffen. Mit dem Wohnungsbau konnte jedoch erst nach der Währungsreform begonnen werden. Das Foto entstand Anfang der 1950er-Jahre. Rechts das Bauschild in der Eschborner Straße, dahinter der Rohbau des Mehrfamilienhauses Im Brühl 1 und 3.

Eine Lagebesprechung des Bautrupps der Eigenhilfe im Jahre 1950. Von links sind Willi Krones, Erhardt Czerniczek, Gerhard Löffler, Rudi Krones und Julius Geiß zu sehen.

Auch die unterirdische Infrastruktur musste verbessert werden. Das Bild wurde während der Erneuerung der Wasserleitung in der Hauptstraße 50 in den 1950er-Jahren aufgenommen.

Die ersten Rohbauten der Farbwerksiedlung am Ortsausgang in Richtung Bad Soden. Nach der Grundsteinlegung im Jahre 1957 entstand beidseitig der neu angelegten Wald- und Billtalstraße ein Wohnviertel, in dem nach der Fertigstellung im Jahre 1965 etwa 300 Familien lebten.

Die Zahl der katholischen Einwohner war nach dem Zweiten Weltkrieg aufgrund von zugezogenen Heimatvertriebenen stark angestiegen. Da es für sie kein Gotteshaus gab, stellten die Protestanten ihre Kirche zur Verfügung. Der Wunsch nach einer eigenen Kirche erfüllte sich für die Katholiken mit der Grundsteinlegung im Oktober 1952. Genau ein Jahr später wurde das Gotteshaus auf die Titulatur „Maria, Königin des Heiligen Rosenkranzes" geweiht. 1962 begann der Bau eines Pfarrheims. Die obere Abbildung zeigt die Besucher der Grundsteinlegung, unten segnet Dekan Ebenig den Grundstein.

Aufgrund des Anstieges der Schülerzahlen Mitte der 1950er-Jahre und mangels Erweiterungsmöglichkeiten der alten Volksschule entschloss sich die Gemeinde 1961, die Cretzschmar-Schule auf dem Gelände des Klosterhofs zu errichten. Der erste Spatenstich wurde am 9. September 1961 gesetzt, der Grundstein am 11. November gelegt – hier zu sehen. Oben das Baugelände mit den ersten Mauern des Verwaltungstrakts. Unten bereitet Bürgermeister Heinrich Kleber (links) die Urkundenrolle vor, daneben Rektor Theo Lißmann (Mitte) und am rechten Rand Erwin Menges.

Festansprache des Bürgermeisters Heinrich Kleber zur Einweihung der Cretzschmar-Schule am 19. Oktober 1963. Die Feierlichkeiten, die das Schulorchester und der Mandolinenverein „Musikfreunde“ Sulzbach musikalisch begleiteten, fanden im Rohbau der mit Fahnen und Blumen reichlich dekorierten Turnhalle statt.

Ein Blick in die neu gestalteten Klassenräume.

Hinter dem heutigen Rathaus entstand 1956 der erste öffentliche Kinderspielplatz, der in fünf Bereiche untergliedert war. Hier gab es einen Sandspielplatz mit einer Wippe, eine Rutschbahn, Drehschwinger, einen Kletterbaum, ein Klettergerüst, eine Krokodilschaukel, einen Irrgarten, ein Indianerdorf mit Wigwams aus Schilf und Zeltbahnen sowie ein eisernes Klettergerüst. Auf dem oberen Foto übergibt Hans-Jürgen Jung (unten links) dem Regierungsrat Kurt Kuhnmünch Brezeln für die Mitglieder des hessischen Kabinetts. Neben Kuhnmünch stehen MdL Heinrich Weiß und MdB Hermann Schmitt-Vockenhausen. Unten eine Teilansicht des Spielparks.

Das bei den Kindern im Sommer beliebte Planschbecken mit den wasserspeienden Fischen war eine Attraktion auf dem Spielplatz. Eine Rollschuhbahn und eine Spiel- und Liegewiese runden die Einrichtungen ab. Im Hintergrund der noch landwirtschaftlich genutzte Bereich des heutigen Wohngebiets Haindell.

Der hessische Ministerpräsident Dr. Georg August Zinn besucht Sulzbach am 21. Juni 1956. Neben der Besichtigung des Dorfgemeinschaftshauses, der Volksschule, der evangelischen und katholischen Kirche stattete er auch dem am 1. Mai 1956 eingeweihten Spielpark einen Besuch ab. Die Schuljugend führt ihm hier die Krokodilschaukel vor.

3

ABWECHSLUNGEN VOM ALLTAG

Während der Nachkriegszeit waren die Möglichkeiten, für Abwechslung vom Alltagsleben zu sorgen, sehr facettenreich, die Bandbreite reichte von alltäglichen Vergnügungen bis zu besonderen Ereignissen im Dorf. Das Lampionfest in der Farbwerksiedlung gehörte ebenso zum Ortsgeschehen wie der Besuch von Persönlichkeiten aus der Politik. Gemeinsame Geburtstagsfeiern im früheren Klassenverband, Gaststättenbesuche, Ausflüge mit der Familie oder mit Freunden, der Besuch einer Gemeindevertretersitzung oder das sonntägliche Musizieren waren ebenfalls willkommene Unterbrechungen des Alltags. Die obere Aufnahme entstand 1970 anlässlich des 40. Jubiläums der freiwilligen Feuerwehr in der Eichwaldhalle. Von rechts: Bürgermeister Karl Reinke mit seiner Frau Ilse, der Bundestagsabgeordnete Hermann Schmidt-Vockenhausen und Altbürgermeister Heinrich Kleber.

Der Geologe Otto Volger stiftete zu Ehren des bekanntesten Sulzbachers Dr. Philipp Jakob Cretzschmar ein Denkmal, das er 1893 im Garten seines Hauses in der Bahnstraße 10 aufstellen ließ. Auf Initiative des Bürgermeisters Heinrich Kleber wurde es 1952 auf den abgeräumten Kirchhof umgesetzt. Das Foto zeigt die Feierlichkeiten anlässlich der Denkmalseinweihung.

Auch wenn Herbert und Luise Meindls Tochter bereits am 31. Dezember 1964 geboren wurde, feierten Mitglieder des Mandolinenvereins im Januar 1965 im Gasthaus „Zum Taunus" Claudias Geburt. Von links Willi Pruß, Georg Bär, Georg Gottschalk, Jürgen Nietbaur, Willi Kern, Manfred Leister, Helmut und Herta Geiß, auf der Bank von links Walter Hodes, Hannelore und Karl Ruppert.

Der Ortsverband der Kriegshinterbliebenen und Kriegsgeschädigten Deutschland (VdK) wurde 1950 gegründet. Er beriet nicht nur seine Mitglieder in Rechts- und Sozialfragen, sondern beteiligte sich darüber hinaus am öffentlichen Leben in der Gemeinde. So organisierte er für seine Mitglieder zahlreiche Tages- und Wochenfahrten. Die Bilder zeigen die VdK-Mitglieder auf Reisen. Das obere Foto wurde 1960 am Mummelsee im Schwarzwald aufgenommen. Das untere zeigt die Einfahrt in das Berchtesgadener Salzbergwerk im Jahre 1961.

1961 wurde auf Initiative Seppel Wäschs erstmals ein Kinder- und Lampionfest in der Farbwerksiedlung veranstaltet. Das zweitägige Spektakel begann traditionell mit dem Kinderfest auf der Rasenfläche zwischen den Wohnblöcken und auf dem „Festplatz" in der Billtalstraße. Den Höhepunkt bildete der samstägliche Lampionumzug. Neben Geschicklichkeitsspielen wie Büchsenwerfen und Sackhüpfen konnten die Kinder auch auf Büchsen laufen, am Mohrenkopf-Wettessen oder Wurstschnappen teilnehmen. Die Fotos entstanden Ende der 1960er-Jahre.

Anlässlich seines 60. Geburtstags im Jahre 1966 fand sich der Jahrgang 1906 zum Gruppenbild in der Gaststätte „Zur Flinte“ zusammen.

Seinen 40. Geburtstag feierte auch der Jahrgang 1935 im alten Klassenverband. Mit einem Bus fuhr die einstige Schulklasse 1975 nach Wallau ins „Deutsche Haus“, wo sie gemeinsam, in alten Erinnerungen schwelgend, den Tag verbrachte und dieses Erinnerungsfoto entstand.

1967 feierte die Handballabteilung der TSG anlässlich ihres 40-jährigen Bestehens ein großes Fest. Damals war zu lesen: „Felix Schmacke, Nix und Co., Duo Dahm und Billy Mo, Helmut Bantz, Sarotti-Mohr – alle stellen uns sich vor.“ Das obere Foto wurde im Festzelt aufgenommen. Links Rolf Brandt, Elli Venino, Dieter Buderus, Brigitte Christian und Herbert Rasper (stehend). Im Vordergrund die Familie Groth. Der Schlagersänger Billy Mo und der Sarotti-Mohr waren sowohl für die Kinder als auch für die Erwachsenen die „Stars“ (unteres Bild).

Hausmusik bei der Familie Vogel in der Bahnstraße 75 Mitte der 1950er-Jahre. Von links Sohn Karlheinz, Vater Heinrich, Tochter Brigitte und Norbert Armbrecht.

Im Jahre 1961 stellten kanadische und amerikanische Investoren den Gemeindevertretern und interessierten Bürgern im Dorfgemeinschaftshaus ihr Konzept eines Einkaufszentrums vor. Nach amerikanischem Vorbild sollte in der Sulzbacher Gemarkung das „Plazza-Einkaufszentrum“, so der Projektname, errichtet werden.

Schiffsausflug Sulzbacher Senioren im September 1961 nach Rüdesheim. Im Vordergrund von links sieht man Martha und August Altmüller, rechts Karl Reinke (mit Brille), daneben (verdeckt) die Leiterin des evangelischen Kindergartens, Schwester Margarete Sans.

Ausflug der „Mannschaft“ des Gasthofes „Zum Schützenhof“ 1964 an den Edersee. Von links sind Frida Schubert, Kati Schmitt, Rosa Brau, Hermann Brau, Liesbeth Blöhser, Heinrich Blöhser und Helmut Schmitt mit seinem Sohn Reinhard zu erkennen.

Eine 8. Klasse mit ihrem Klassenlehrer Ernstdieter Bräuer im Jahre 1965 bei der Werksbesichtigung der Höchst AG.

Eine Klasse des Lehrers Hans-Jürgen Gattung posierte im Jahre 1969 für ein Erinnerungsfoto. Im Rahmen eines Tagesausfluges versuchten die Schüler im Kronthal mithilfe von Wünschelruten Wasseradern aufzuspüren.

Da der Ministerpräsident Dr. Georg August Zinn im Mai 1956 nicht an der Einweihung des Kinderspielparks teilnehmen konnte, besuchte er die Gemeinde am 21. Juni 1956. Vor der evangelischen Kirche sind im Vordergrund von links Bürgermeister Heinrich Kleber, Dr. Georg August Zinn sowie im Hintergrund Regierungsrat Kurt Kuhnmünch und Willi Geiß I. zu sehen.

Willy Brandt war anlässlich einer Wahlkampfreise im Jahre 1961 auf Stippvisite in Sulzbach. Das Foto entstand an der Bundesstraße 8 an der Einmündung der Bahnstraße. Von links sind Willy Brandt, Bürgermeister Heinrich Kleber und Wolfgang Rotter mit seiner Tochter Isolde zu sehen.

4

KIRCHE UND KINDERGARTEN

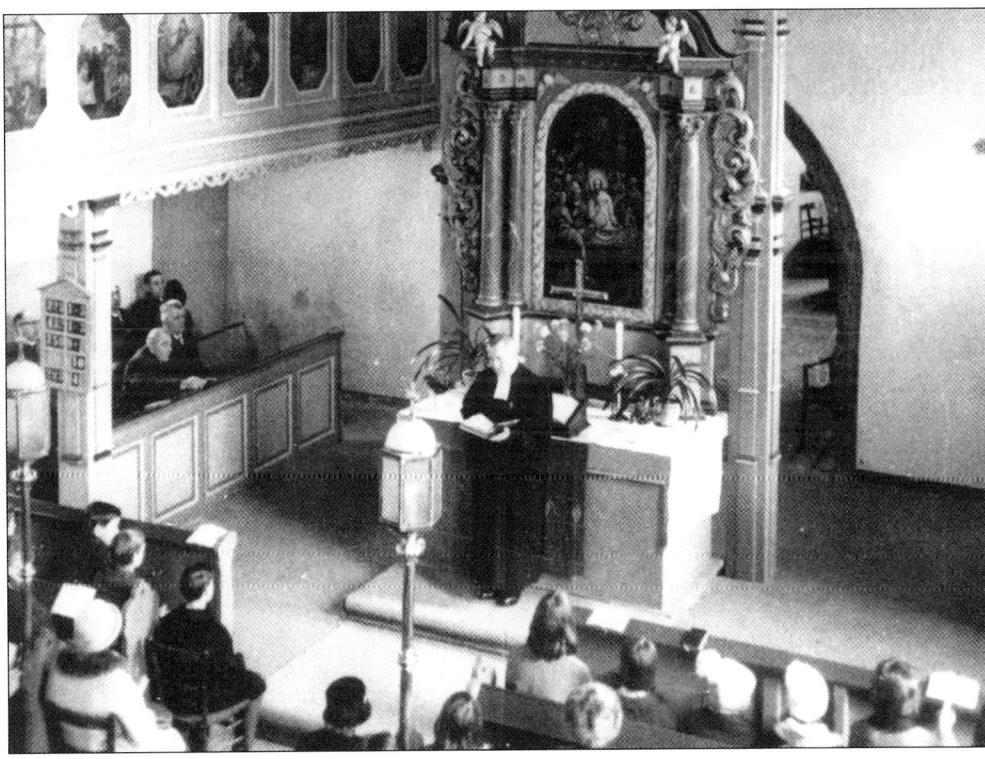

Damals wie heute bildeten die evangelische Kirche und seit 1945 auch der Kindergarten einen der Mittelpunkte des Gemeindelebens. Bereits im 9. Jahrhundert war am Standort des heutigen Gotteshauses eine Holzkirche erwähnt worden. Im Dreißigjährigen Krieg brannte die Kirche während der Schlacht bei Höchst am 7. Juni 1622 bis auf die Umfassungsmauern nieder. Nach der Reformation wurde die Gemeinde im Jahre 1575 lutherisch. Dem Wiederaufbau in den Jahren 1652 bis 1659 folgte 1724 ein erneuter Umbau. Das Foto entstand anlässlich des Abschiedsgottesdienstes des Pfarrers Willi Stahl im Jahre 1966.

Während des Zweiten Weltkrieges wurden die Glocken der evangelischen Kirche eingezogen. Das Foto zeigt die Ankunft der neuen Kirchenglocken im Februar 1952. Auf dem Wagen von links sieht man Herta Ott, Helga Hedtler, Else Uhrig und Helga Tremper.

Dekan Karl Deißmann beerdigte Liesel Pfeffers und Liesel Morhardts Großmutter, die 83-jährige Johanne Christian (geborene Kolb), im August 1945 auf dem neuen Friedhof an der Haingrabenstraße.

Liesel und Heinrich Morhardt heirateten im Dezember 1946. Das Foto zeigt das Ehepaar mit den Traugästen nach dem Verlassen der Kirche. Die Geselligkeit, mit der die Eheschließung mit Verwandten und Freunden gefeiert wurde, war ein wichtiger Bestandteil ihres Hochzeitstages.

Die Hochzeitsfeier von Margot und Karl Blum fand im April 1950 statt. Das Erinnerungsbild wurde im Hof der Fronhofstraße 12 aufgenommen. Von links sind Gerd Buchta, Martha Altmüller, August Altmüller, Margot Blum, Karl Blum, Betti Blum, Adolf Blum Heidi Buchta und Helga Blum zu erkennen.

Die Hochzeitsgesellschaft von Inge und Gottfried Kohl posierte 1960 für ein Erinnerungsfoto. Von links: Georg Geiß, Irmgard Hellwig, Horst Geiß, Willi Geiß I., Marie Geiß, Else Schaar, Lia Geiß, Dieter Geiß, Brigitte Willig, Luise Geiß, Jakob Schaar, Adolf Geiß, das Brautpaar, daneben Else Liesem, Hans Liesem, Käthe Nikolaus, Katharina Kohl sowie Heinrich und Elisabeth Ritsert.

Das frisch vermählte Ehepaar Edith und Willy Geiß, 1961. Die Schuljugend spannte traditionell am Ausgang der Kirche in Richtung Schulhof und Kirchstraße ein Seil, um den „Wegzoll" vom Brautpaar einzufordern. Erst wenn dieses Pfennigstücke oder Süßigkeiten „berappte", wurde ihm der Weg „freigegeben". Im Vordergrund sieht man die Jugendlichen beim „Rabschen".

Ende der 1960er-Jahre werden die Röcke kürzer. Diese Mode macht auch vor den während der kirchlichen Trauung getragenen Brautkleidern nicht halt. Das Foto zeigt Dorit und Horst Christian nach dem Vermählungsgottesdienst beim Verlassen der evangelischen Kirche im Jahre 1969.

Das frisch vermählte Brautpaar Ilona und Hans-Joachim Schiller mit den Burschen der Akademischen Turn- und Sportverbindung „Gothania Jenensis zu Frankfurt am Main" sowie die Blumenstreukinder Christoph Siebeneicher und Marina Brandt, 1973.

Nach Manfred Petermanns Taufe am 4. Juli 1959 stellte sich die Festgemeinde vor der evangelischen Kirche auf. Von links sieht man Dina Zöll, Änne Petermann, Inge Elsenheimer, Karl Petermann, Friedrich Petermann, Flora Petermann, Dieter Siegfried, Peter Geiß und Pfarrer Willi Stahl.

Dieses Foto entstand anlässlich der Taufe von Sabine Kern am 11. Oktober 1964 im Haus der Familie Kern in der Hauptstraße 73. Von links sind Renate Kammer mit Astrid, Willi Kern, Karin Belzer, Klaus Belzer, Johann Konrad, Monika Kammer, Vater Willi mit Sabine, Christa Kern, Else Kammer, Richard Kammer, Mina Kern und Helga Belzer zu erkennen.

Die Konfirmation ist eine feierliche Segenshandlung der evangelischen Kirche. Ein spezieller Konfirmandenunterricht bereitet die jungen Gläubigen auf diesen Tag vor. Die Konfirmation findet im Rahmen eines Festgottesdienstes statt und ist für gewöhnlich mit einem Familienfest verbunden. Das obere Foto zeigt die Konfirmanden mit dem Dekan Karl Deißmann 1948 am Seitenausgang der Kirche. Die untere Abbildung des Konfirmationsjahrganges mit Pfarrer Willi Stahl wurde 1957 vor dem Pfarrhaus aufgenommen.

Einst war mit der Konfirmation die Schulzeit der Volksschüler zu Ende und ein neuer Lebensabschnitt begann. Die Geschenke sollten traditionell den Übergang ins Erwachsenenleben symbolisieren; so bekam der Konfirmand oft die erste Armbanduhr oder die Konfirmandin die Aussteuer geschenkt. Das obere Foto mit Pfarrer Willi Stahl (rechts) wurde anlässlich der Einsegnung im Jahre 1958 auf der Treppe des ehemaligen Rathauses aufgenommen. Das untere Bild zeigt den Konfirmationsjahrgang 1959 mit dem Pfarrer in der Mitte.

Der erste Sulzbacher Kindergarten wurde nach dem Zweiten Weltkrieg eingerichtet, zuerst im Saal des Frankfurter Hofes, dann in der Volksschule und später in der umgebauten Pfarrscheune der evangelischen Kirchengemeinde. Schwester Margarete, die erste Kindergärtnerin, schreibt 1990 in ihren Erinnerungen: „Am Tag meiner Ankunft machte ich große Augen. Angemeldet waren 100 Kinder. Aber an Spielzeug stand nur ein Karton mit rohen Bauklötzen in der Ecke." Das obere Foto zeigt die Diakonissenschwester Margarete Sans 1954 mit ihren Schützlingen und das untere Schwester Ingeborg Schöning (links) und Kindergärtnerin Johanna Schambach.

Ein Ausflug der Kindergartenkinder mit Schwester Ingeborg 1955 im Bad Homburger Hirschgarten.

Kinderfest des evangelischen Kindergartens im Jahre 1967 auf dem neu gestalteten Spielbereich neben der Kirche.

Die Kinder des Gemeindekindergartens im „Unteren Waldweg“ anlässlich eines Sommerfestes im Jahre 1973.

Zu einem Erinnerungsbild haben die Kinder des evangelischen Kindergartens 1974 Platz genommen. Links sieht man ihre Betreuerin, Doris Erbe.

1975 entstand die Fotografie der Kinder des evangelischen Kindergartens im alten Kirchhof mit ihrer Kindergärtnerin Ruth Schöffel.

Gabi Wiese mit ihrer Gruppe im katholischen Kindergarten in der Neugartenstraße Mitte der 1970er-Jahre.

5

SCHULERINNERUNGEN

Neben dem Einschulungsfoto war es üblich, alljährlich ein Klassenbild aufzunehmen. Als die Fotos noch per Negativfilm angefertigt wurden, erledigte diese Aufgabe oftmals ein Berufsfotograf. Er rief die Schüler klassenweise zum Fotografieren auf. Oft waren zwei oder drei Aufnahmen notwendig, bis der Fotograf das Bild im „Kasten“ hatte. Diese Aufnahme zeigt Sulzbacher Lehrer anlässlich eines Besuchs der Sektkelterei MM in Eltville. Von links sieht man Fritz Noll, Hanneli Hamann, unbekannt, Ria Vermey, teilweise verdeckt Dorothea Speer, verdeckt Hans-Jürgen Gattung, Ilse Reinhold, Robert Janisch, teilweise verdeckt Brigitte Burger, Theo Lißmann, Klaus Matzak, Mimi Weber, unbekannt, Roman Paul, Anna Baginski, Gerhard Schöffel und Brigitte Borgstedt.

Erste Einschulung nach dem Zeiten Weltkrieg im April 1946. In der letzten Reihe erkennt man von links die Lehrer Hubert Neupert, Vera Slyvka und Herbert Kramer.

Die Schulanfänger im Oktober 1946 mit ihrem Lehrer Hubert Neupert auf der Treppe zum kleinen Schulhof.

Schüler im Jahre 1949 zusammen mit der Lehrerin Annemarie Altvater.

Zu einem Klassenfoto stellte sich der Einschulungsjahrgang 1950 im Jahre 1954 zusammen mit seiner Lehrerin Annemarie Altvater auf.

Auf der Treppe zum Haupteingang schauen die Schüler mit ihrer Klassenlehrerin Vera Slyvka im Jahre 1951 für ein Erinnerungsfoto in die Kamera.

Der Einschulungsjahrgang 1953 mit dem Lehrer Erich Zipp auf der Treppe des alten Rathauses.

1954 posierten Schulanfänger mit ihrer Lehrerin Annemarie Altvater auf der Treppe des Schulhauses für den Fotografen.

Die Schüler des Einschulungsjahrgangs 1955 im Jahre 1959 mit ihrem damaligen Klassenlehrer Robert Janisch.

Der 1956 eingeschulte Jahrgang auf einem Foto aus dem Jahre 1960 mit Erich Zipp als Klassenlehrer auf der Treppe des Hinterausgangs der alten Volksschule.

Die Jungen und Mädchen, die erstmals 1957 die Schule besuchten, postieren sich 1961 mit ihrer Lehrerin Elvira Krießbach auf der Schultreppe.

Die 1958 eingeschulten ABC-Schützen mit ihrer Lehrerin Erna Ulrich.

Das Foto der mit Schultüte und Brezel posierenden ABC-Schützen mit ihrer Lehrerin Ingrid Gries wurde im Jahre 1959 auf dem kleinen Hof der Volksschule aufgenommen.

Der 1959 eingeschulte Jahrgang im Jahre 1962 mit der Klassenlehrerin Hedwig Walter.

Die Erstklässler stellten sich 1962 mit ihrer Lehrerin Erika Paul zum ersten Klassenfoto auf.

Im Jahre 1968 besuchte der Einschulungsjahrgang 1962 die Weinbrennerei Asbach in Rüdesheim am Rhein. Mit dabei war der Klassenlehrer Gerhard Schöffel (stehend, Dritter von links) und die Lehrerin Ria Vermey.

1966 herrschte an der Sulzbacher Volksschule Hochbetrieb. Der Schulbeginn wurde vom Frühjahr auf den Herbst verlegt. Wegen des Kurzschuljahres wurde zweimal eingeschult. Hier sieht man die Frühjahrseinschulung mit Frau A. Simon.

Im Frühjahr 1966 entstand dieses Klassenfoto mit dem Lehrer Hans-Jürgen Gattung.

Der Einschulungsjahrgang des Kurzschuljahres im Herbst 1966 mit der Lehrerin Elvira Glock.

Die ABC-Schützen im Jahre 1967 zusammen mit ihrer Lehrerin Frau Glock.

Einschulung der Klasse 1a im Jahre 1968 mit Dorothea Speer als Klassenlehrerin.

Das erste Klassenfoto der 1c im Jahre 1968 mit ihrer Lehrerin Ria Schwarz (geborene Vermey).

Die Klasse 1d des Einschulungsjahrgangs 1968 mit ihrer Lehrerin Müller.

Die Schulanfänger der Klasse 1c haben sich 1969 zusammen mit der Lehrerin Heidi Gattung auf der Treppe der alten Volksschule zu einem Erinnerungsfoto aufgestellt.

Die Erstklässler haben 1969 Platz genommen und schauen zusammen mit ihrem Lehrer Hans-Jürgen Gattung für ein Erinnerungsfoto in die Kamera.

Die Klasse 1a mit Erika Paul als Klassenlehrerin im Jahre 1969.

Im Jahre 1970 ließen sich die Erstklässler mit ihrer Lehrerin Lucia Carkuck fotografieren.

Die ABC-Schützen der Klasse 1b im Jahre 1971 in ihrem Klassenzimmer.

Die Schulanfänger des Jahres 1973 stellten sich auf der Treppe der alten Volksschule mit der Klassenlehrerin Heidi Sander für ein Erinnerungsfoto auf.

In ihrem Klassenraum ließ sich die Klasse 1a zusammen mit ihrer Lehrerin Luzia Carduck im Jahre 1973 ablichten.

Die ABC-Schützen der 1b zusammen mit ihrer Klassenlehrerin Anna Baginski im Jahre 1973.

Dieses Foto entstand anlässlich der Einschulung im Jahre 1973 mit der Lehrerin Ute Dyck.

Die Klassenlehrerin Anna Baginski mit den Erstklässlern im Jahre 1974.

1974 hielt der Fotograf diese Schulanfänger zusammen mit ihrer Lehrerin Mimi Weber für das erste Klassenfoto im Bild fest.

Der Einschulungsjahrgang 1975 im vierten Schuljahr mit der Klassenlehrerein Ute Dyck.

6

GESELLSCHAFTLICHES LEBEN IN DER DORFGEMEINSCHAFT

In der Gemeinde fanden zwischen 1945 und 1975 neben den Veranstaltungen der Organisationen wie der freiwilligen Feuerwehr, des Deutschen Roten Kreuzes und der Vereine und Institutionen zahlreiche private oder gemeinschaftlich organisierte Aktivitäten statt, die den Alltag der Gemeinde belebten. Sulzbacher bereiteten sich in der Tanzschule auf das „gesellschaftliche" Leben vor, Theateraufführungen wurden veranstaltet. Die Fotos dieses Kapitels dokumentieren die Lebendigkeit der Gemeinde in den ersten drei Jahrzehnten nach dem Zweiten Weltkrieg. Das Bild zeigt die Zuschauer bei der Schauübung der freiwilligen Feuerwehr im Jahre 1955 anlässlich ihres 25-jährigen Bestehens.

Eine Übung zum 25. Jubiläum der Freiwilligen Feuerwehr Sulzbach im Jahre 1955. An der Ecke Bahn- und Wiesenstraße zeigte die Feuerwehr ihre Einsatzfähigkeit. Der Lauf des Sulzbachs wurde gestaut, um die Löschwasserentnahme demonstrieren zu können. Die zahlreichen Zuschauer beobachteten interessiert die Arbeit der Feuerwehrleute.

Nach Abschluss einer Übung formierten sich die aktiven DRK-Mitglieder im Jahre 1970 auf dem Platz hinter der katholischen Kirche zu einem Gruppenfoto. Im Hintergrund sieht man die Werkswohnungen des Höchster Bauunternehmens Fritz Bechtold an der Wiesenstraße.

Im Jahre 1971 wurde Erwin Menges für sein langjähriges Engagement im Ortsverband des Deutschen Roten Kreuzes geehrt. Von links erkennt man den Kreisgeschäftsführer des DRK, Willi Myland, Erich Menges, Bürgermeister Karl Reinke und Heinrich Dobsch.

Als langjähriger Blutspender erhält Werner Kein 1975 vom Blutspendedienst des DRK einen Präsentkorb als Dankeschön. Von links sind Heinrich Dobsch, Margot Blum, Werner Kein und Willi Myland zu sehen.

In der Tanzschule Sievers in der Bolongarostraße in Höchst wurden zahlreichen Sulzbachern neben Tanzschritten auch gesellschaftliche „Normen" nähergebracht. Auf der Rückseite des Teilnehmerausweises stand unter „Richtlinien für die Teilnahme an einem Tanzkurs": „Regelmäßiger Besuch und pünktliches Erscheinen sind zur Erreichung des Ausbildungszieles unbedingt erforderlich." Das obere Foto zeigt die Teilnehmer anlässlich des Abschlussballs 1967, das untere entstand beim Schlussball 1975. Die Gebühr für einen Grundkurs betrug 100 DM.

Anna Geiß (Mitte) studierte mit den Mädchen der Sulzbacher Volksschule in ihrem Hof in der Hauptstraße 58 einen Bändertanz ein. Die Akkordeonisten Dieter Buderus (vorne) und Heinz Geiß (links dahinter) sorgten für die musikalische Begleitung der Übungsstunde. Die Aufnahme entstand Anfang der 1950er-Jahre.

Theateraufführung der Kindergartenkinder im 1964 eingeweihten evangelischen Gemeindehaus. Am rechten Bildrand ist die Leiterin des evangelischen Kindergartens, Schwester Margarete Sans, zu sehen.

Im Jahre 1954 führte der evangelische Kirchenchor im Saal des Gasthauses „Zum Taunus“ das Theaterstück „Heimweh nach Deutschland“ auf. Die Mitwirkenden waren (von links) Walter Maiworm, Günter Zoschke, Elsbert Gregori, Luise Hartmann, Andreas Spitzkopf, etwas verdeckt Erna Grein, Mina Kern und Heinz Vogel.

1955 wurde in einer Freiluftveranstaltung vor der evangelischen Kirche das Stück „Zweierlei Brot“ aufgeführt. Der provisorisch bestuhlte Schulhof diente als Zuschauerraum. Auf der Bühne standen von links Ursula Benkert, unbekannt, Horst Beutelmann und Heinrich Ziegler.

Mitte der 1960er-Jahre veranstaltete die freiwillige Feuerwehr im Saal des Gasthauses „Zum Taunus" einen bunten Abend, bei dem auch der Sketch „Die fidelen Tippelbrüder" aufgeführt wurde. Die Akteure waren (von links) Inge Klem, Willi Anthes, Edith Kranz, Helmut Kranz, Walter Mirwald und Brigitte Stemmler.

Anlässlich des 40. Jubiläums der freiwilligen Feuerwehr im Jahre 1970 standen (von links) Friedel Löschhorn, Margot Schaar, Edith Kranz, Helmut Kranz, Ingrid Schaar, Lina Hessemer und Katharine Kranz in den Eichwaldhallen auf der Bühne.

Das Rote-Kreuz-Team vor einem Sanitätszelt Anfang der 1950er-Jahre. Von links: Peter Krick, Adolf Christian. Gretel Beutler, Adolf Bach, Erna Dambeck, Diana Bach und eine dem Autor unbekannte Person.

Anfang der 1950er-Jahre verbrachten Volksschülerinnen der Oberstufe zusammen mit ihrer Betreuerin Anna Geiß eine Ferienfreizeit in einem Zeltlager am Edersee.

Im März 1957 wurde der Landfrauenverein in der „Neberstubb" des „Frankfurter Hofes" gegründet. Das Bild zeigt ihn nach einem Kochkurs 1969. Von links: etwas verdeckt Wiebke Körbitz, Lina Weber, Margot Schaar, Friedel Löschhorn, Angelika Kraus, Hedwig Rasper, Marianne Hornfeck und Gerda Anthes. Untere Reihe: Edith Häcker, Hilde Mirwald, Ilse Christian und Deli Müller.

Mitglieder des Sulzbacher Schützenvereins, Ende der 1960er-Jahre. Das Foto wurde bei Bauarbeiten an der Schießanlage im Garten des Vereinslokals „Zum Vater Philipp" aufgenommen. Von links sieht man Paul Hartwig, Philipp Zimmermann, Dieter Zimmermann, Otto Schiffner, Andreas Holzingert, Kurt Prager und Emanuel Schiffner.

Die Jugendfeuerwehr im Gründungsjahr 1972. Links ist der Kreisjugendwart Hans Ochs, daneben der Kreisbrandinspektor Anton Herzog, rechtsaußen der Jugendwart Erich Grötsch und der Ortsbrandmeister Jakob Löschhorn zu erkennen.

Die Jugendfeuerwehr im Kuhstall des „Hesse-Hofes" von Werner Rudolph (obere Reihe rechts) im Jahre 1974. Insgesamt fingen die jungen „Blauröcke" in zwei Aktionen 64 Schwalben ein, die den rechtzeitigen Flug in den Süden verpasst hatten. Sie wurden anschließend mit Unterstützung einer Fluggesellschaft nach Rom und Barcelona ausgeflogen.

7

VEREINE ALS SOZIALE BINDEGLIEDER

Nach dem Ende des Zweiten Weltkrieges gab es im Dorf neben der seit 1930 bestehenden freiwilligen Feuerwehr nur noch acht Vereine. Von 1945 bis 1975 wurden jedoch zahlreiche Vereine und Organisationen wieder oder neu gegründet. Viele dieser Institutionen engagieren sich über ihre Vereinstätigkeiten hinaus mit eigenen Veranstaltungen im öffentlichen Leben. Das Foto zeigt die von Ilse Ritschel (am Tischende stehend) im Jahre 1970 ins Leben gerufene Katholische Frauengemeinschaft bei einer Feier im Pfarrheim an der Eschborner Straße.

1948 entstand das Bild der Handballmannschaft nach einem Training auf dem alten Sportplatz der TSG an der heutigen Limesspange. Man erkennt von links Walter Hardt, Erwin Müller, Heinz Geiß, Wilfried Weber, Jürgen Buzinski, Arnold Elsenheimer, Helmut Kranz, Gerhard Walter, Ehrenfried Meindl, Karl Paul Weikert und Horst Schall.

Im Jahre 1954 fand die Hessische Handballmeisterschaft in Eschwege statt. Die Sulzbacher belegten den ersten Platz bei diesem Turnier. Als Begleiter des Hessenmeisters sind Willi Ewald (links), Pfarrer Willi Stahl, rechts Bürgermeister Heinrich Kleber und daneben Jochen Siedersleben zu sehen.

Die Sulzbacher Teilnehmer am Kinder-Gauturnfest in Kelsterbach stellten sich im Jahre 1952 zu einem Erinnerungsfoto auf.

Die Sieger beim Gauturnfest, 1953. In der hinteren Reihe erkennt man Adolf Geiß, Willi Geiß, Heinrich Schaar und Rudi Geibel sowie in der vorderen Ilse Ernst, unbekannt, Liesel Hornfeck und Gisela Loos.

Die Sulzbacher A-Jugend (links) bei einem Fußballturnier in Wasserlos im Jahre 1956.

1963/64 gewannen die Sulzbacher Fußballer die Meisterschaft der C-Klasse. Von links stehend: Richard Fuchs, Adolf Wettlaufer, Werner Klöppel, Herbert Hedtler, Siggi Schlösser, Joachim Hoppe, Helmut Gerke, Jürgen Schwebel, Julius Jordan und Horst Brause. Kniend: Josef Barraque, Helmut Berg, Kurt Hofbauer, Kurt Hartlich und Manfred Leister.

Die Handballjugend in der Spielsaison 1967/68. Von links sind Reinhard Fenchel, Klaus-Dieter Siebenhaar, Tadeus Lawrecki, Edgar Groht, Erwin Noll, Günter Klem, unbekannt, Helmut Richter und Hajo Bida zu sehen.

Im Jahre 1970/71 stellte sich die Jugendmannschaft zum Gruppenfoto auf. Stehend von links: Willy Geiß, Gerald Henkel, Willi Strohschein, Manuel Stadler, Jürgen Pfeiffer, Wilhelm Noll und Erich Grötsch. Kniend: Alfred Kuhn, Peter Schwab, Dieter Möller, Johann Sgodzei, Wilfried Gropp und Willi Christian.

Tischtennistraining im Saal des Gasthauses „Zum Taunus“. Von links erkennt man Kurt Schwabe, Heinz Schneider, unbekannt, Heinz Geiss, Viktor Dainius und Wolfgang Rotter.

Im Mai 1974 belegte die 1971 gegründete Basketballmannschaft den dritten Platz beim Turnier „Jugend trainiert für Olympia“. Oben von links: Ulla Löffler, Luise Gerstermann, Andrea Fiedler, Uta Fink, Marion Herzog, Elke Hermann und Marion Christ. Unten von links: Annemie Löffler, Jutta Pier, Ingrid Herzog, Annette Schauermann, Sylvia Weishaupt und Trainer Werner Beckedorf.

Das Ende der 1940er-Jahre entstandene Erinnerungsfoto zeigt die Mitglieder des evangelischen Kirchenchores mit dem Dirigenten Philipp Zimmermann in der Mitte der zweiten Reihe. Links daneben steht seine Frau Franziska.

1972 feierte die Sängervereinigung 1872 ihr Jubiläum unter dem Motto „100 Jahre Chorgesang". Den Auftakt bildete ein Konzert am 23. April. Mit einem bunten Programm während der Festtage vom 19. bis 22. Mai beging der Verein das Jubiläumsjahr. Das Foto zeigt den gemischten Chor bei einer Gesangsdarbietung in der Eichwaldhalle mit dem Musikdirektor Norbert G. Belz als Dirigenten.

Konzert der Sängervereinigung in den 1950er-Jahren in Bad Schwalbach. Schon bei dieser Veranstaltung fungierte der Musikdirektor Norbert G. Belz als Dirigent.

Die Sulzbacher Sänger bei einem Auftritt in der Mehrzweckhalle der Cretzschmar-Schule mit ihrem Dirigenten Norbert G. Belz Anfang der 1970er-Jahre.

Im Jahre 1953 wurden die Teilnehmer eines Konzertes, das der Mandolinenverein „Musikfreunde Sulzbach“ veranstaltete, im Saal der Gaststätte „Frankfurter Hof“ im Bild festgehalten.

Die Nachwuchsmusiker des Akkordeonclubs. Von links sind Annegret Buderus, Volker Bradatsch, Christina Rasper, Gerald Schröder, Doris Anders, Roland Mirwald, Silvia Essel, Ulrich Stiebeling und Sieglinde Kranz zu sehen.

Die TSG-Handballer feierten 1975 in der Eichwaldhalle ihre Meisterschaft in der Bezirksliga Wiesbaden und den Aufstieg in die Verbandsliga Hessen-Süd. Nach der Ehrung des erfolgreichen Teams gestalteten Mitglieder der Turn- und Sportgemeinde ein buntes Programm.

Gründungsinitiator Dieter Zimmermann (rechts) wurde zusammen mit weiteren Mitgliedern des 1975 gegründeten Schachclubs beim Blitzturnier aufgenommen.

Von links sind Willi Kern, unbekannt, Paul Scheu, Horst Blaß, Jakob Schroth, Ilse Steiger und Martha Moog zu sehen. Diese Mitglieder des 1965 gegründeten Schäferhundevereins befanden sich hier auf ihrem Übungsgelände Talacker, früher Dallesacker.

Die hier Mitte der 1970er-Jahre im Bild festgehaltene erste „stationäre" Schießanlage des Schützenvereins war im Keller des Bürgerhauses untergebracht. Von links sind die Schützen Ernst Ross, Jörg Geiß, Kurt Petermann und Edda Steinert abgebildet.

Motorsportbegeisterte Sulzbacher gründeten im Jahre 1961 einen Verein, der sich erfolgreich an zahlreichen Meisterschaften beteiligte. Das obere Foto zeigt Heinz Rohm im Beiwagen und Horst Bund als Fahrer 1958 beim Rennen in Diedenbergen.

Im Jahre 1974 stehen nach dem Rennen in Laubuseschbach im Weiltal Ralf Steinert (links) und Horst Bund auf der Nummer 1 des Siegerpodestes.

8

DIE LANDWIRTSCHAFT IM UMBRUCH

Die Landwirtschaft hat seit Anfang der 1950er-Jahre einen erheblichen Strukturwandel erfahren – zum einen aufgrund der Aussiedlung aus den engen Höfen im Ortskern auf die neu errichteten Höfe am Ortsrand oder in die Feldgemarkung, zum anderen infolge der fortschreitenden Mechanisierung. Die Technisierung hatte auch Auswirkungen auf das hiesige Handwerk, beispielsweise gibt es seit Ende der 1960er-Jahre weder einen Hufschmied noch einen Stellmacher (Wagner) in Sulzbach. Das Bild zeigt den Sonnenhof, der als erster Aussiedlerhof nach dem Zweiten Weltkrieg im Distrikt Höhlchen an der heutigen Neugartenstraße 38 von Ilse und Heinrich Christian im Jahre 1955 bezogen wurde.

Liesel und Heinrich Morhardt waren die Zweiten, die ihren Betrieb in der Kirchstraße 11 aufgaben, um im Jahre 1957 in den an der Eschbornerstraße 21 errichteten zusammenhängenden Gebäudekomplex zu ziehen. Die „Frankfurter Neue Presse" schrieb damals: „... in diesem Hof kann man wie am Fließband arbeiten."

Die Familie Meister war die dritte Familie, die vom Ortskern zum Ortsrand zog. Auch für Erna und Wilhelm Meister war die räumliche Enge in der Schwalbacher Straße 10 die Triebfeder gewesen, den Wohnsitz zu wechseln. Der „Meisterhof" in der heutigen Niederhöchstädter Straße stand damals noch allein auf weiter Flur.

Heinrich Morhardt beim Ausmisten und Einstreuen von Stroh im Kuhstall des Mitte der 1950er-Jahre errichteten Aussiedlerhofes.

Bis Ende der 1950er-Jahre wurden Kühe noch überwiegend von Hand gemolken. Das Bild zeigt Liesel Morhardt bei dieser Tätigkeit.

Die Teilnehmer eines Melklehrgangs, der 1956 im landwirtschaftlichen Betrieb „Frankfurter Hof" stattfand, posieren für ein abschließendes Foto. Von links: Werner Christian, Käthchen Reccius, Hilde Anthes, Hugo Kranz, Karl Christian, Theo Trabant, Elsbeth Gregori, Heinz Anthes, Heinrich Schaar, Hilde Uhrig, Johanna Schambach, Heinrich Anthes und Helmut Kranz.

In der als Internat geführten Landwirtschaftsschule in der Peter-Bied-Straße in Höchst bereiten sich die jungen Frauen 1958 auf ihren künftigen Beruf als Bäuerinnen vor. Von links erkennt man Truthe Kettenbach, Erika Schnappenberger, die Hauswirtschaftslehrerin Christ Hebauf, den Frankfurter Oberbürgermeister Dr. Werner Bockelmann und rechts Hilde Uhrig.

Auf dem Platz zwischen dem ehemaligen Rathaus, dem Hof Wittich, der Milchsammelstelle, die auch als „Milchküche" bezeichnet wurde, und der Fronhofstraße fand 1958 eine Prämierung von Milchkühen von Sulzbacher Bauern statt.

Bauer Karl Christian, der auch „Fritzekarl" genannt wurde, in seinem Hof in der Haingrabenstraße 3. Bei den landwirtschaftlichen Arbeiten setzte er als Zugtiere ausschließlich Kühe ein.

Adam Uhrig aus der Oberschultheißereistraße 3 beim Eggen. Neben dem landwirtschaftlichen Betrieb führte er noch ein Fuhrunternehmen, das Transporte aller Art anbot. Bis Anfang der 1950er-Jahre war er vor allem für die Höchst AG tätig.

Anfang der 1950er-Jahre entstand in der Hauptstraße dieses Bild, das Georg Uhrig (links) und daneben Fritz Kranz zeigt, der seinen Handwagen an das Fuhrwerk gehängt hat. Im Hintergrund links die Bäckerei von Wilhelm Christian (Nr. 11) und rechts daneben die Metzgerei Georg Petermann (Nr. 13).

Getreideernte Anfang der 1950er-Jahre. Das abgemähte Getreide wurde zu Garben gebunden. Neun Garben wurden zu sogenannten Puppen zusammengestellt, die noch ein bis zwei Tage auf dem Feld verblieben, bevor sie zum Dreschen in den Hof gefahren wurden.

Walter Engelhardt Anfang der 1960er-Jahre auf einem der ersten selbstfahrenden vollautomatischen Mähdrescher in Sulzbach.

Die Familienmitglieder des „Mappeshofes“ beim Beladen eines Heuwagens, Ende der 1940er-Jahre. Bei der Heuernte war die Mithilfe der ganzen Familie notwendig, um das Heu trocken in die Scheune einzufahren.

Kartoffelernte auf den Feldern des Hofes Morhardt, Mitte der 1940er-Jahre.

Kartoffelernte auf dem Feld von Heinrich Anthes, genannt „Nachbar", im Juli 1969. Von links sind Mina Anthes, Frank Maresch, Karin Engelhardt, Heinrich Anthes (Junior) und Heinrich Anthes (Senior) zu sehen.

Von links erkennt man hier auf einem Kartoffelvollernter Mitte der 1960er-Jahre Liesel Morhardt, Anneliese Saarholz und Hans Albrecht, ein Lehrling, der aus der Bodensee-Region kam.

Die Erdbeerernte Anfang 1950 auf dem Feld von Heinrich Morhardt in der Eschborner Straße. In den bäuerlichen Betrieben mussten in der Erntezeit auch die Kinder mithelfen. Während Erich und Heinrich Erdbeeren pflücken, betrachtet Großvater Friedrich Christian wohlwollend die Ernteergebnisse seiner Enkel.

Auf dem Hof von Heinrich Morhardt hielt die Mechanisierung frühzeitig Einzug. Das Foto zeigt ihn Mitte der 1950er-Jahre am Steuer des Hanomag-Traktors mit seinem Sohn Erich auf dem Kotflügel. Liesel Morhardt (hinten rechts) steuert den ersten Zuckerrübenvollernter Sulzbachs.

9

GASTSTÄTTEN UND ANDERE GEWERBE IM WANDEL DER ZEIT

Auch Gaststätten und andere gewerbliche Betriebe waren ab den 1950er-Jahren einem erheblichen strukturellen Wandel unterworfen. Die Dorfgaststätten „Zum Taunus", „Zum Schützenhof", „Zur Flinte" und „Frankfurter Hof", in denen sich die Speisekarte auf ein Dutzend Gerichte beschränkt und der Wirt nichts gegen ein Skatspiel einzuwenden hatte, wurden abgebrochen oder „machten dicht". Zahlreiche „Tante-Emma-Läden", die oft nur wenige Quadratmeter groß waren, schlossen mit dem Aufkommen der Selbstbedienungsläden. Das im Jahre 1964 eröffnete Main-Taunus-Zentrum war das erste Einkaufszentrum in Europa, das nach amerikanischem Vorbild entstand. Das Foto zeigt das Zentrum aus südwestlicher Richtung, die Luftaufnahme wurde Mitte der 1960er-Jahre angefertigt. Auf der Freifläche am linken Rand, die damals noch als Parkplatz genutzt wurde, entstand Anfang der 1970er-Jahre das Kaufhaus Horten.

Das Main-Taunus-Zentrum wurde im Mai 1964 unter dem Motto „ab Mai dabei“ eröffnet. In der 400 Meter langen Ladenstraße boten 76 Geschäfte, Ärzte, Restaurants und Cafés ihre Waren und Dienstleistungen an. Der zentral gelegene Springbrunnen war ein beliebter Treffpunkt für Verabredungen. Im Rahmen von Neu- und Umbauten wurde der Springbrunnen abgerissen.

Anfang der 1970er-Jahre sollten die Busse nicht mehr ins Zentrum fahren, sondern nur rechts und links der am Einkaufszentrum vorbeiführenden Bundesstraße 8 halten. Fahrgäste aus Richtung Höchst mussten die provisorische Brücke nutzen, um ins Einkaufszentrum zu gelangen. Das Foto zeigt den Brückenabgang ins Zentrum sowie den Autoparcours mit selbst fahrenden Autos für Kinder.

Das Rasthaus „Auto-Engel" wurde am 16. Juni 1951 eröffnet. Im „Main-Taunus-Kalender" inserierte das unter der Frankfurter Telefonnummer 12345 erreichbare Rasthaus, dass es das schönste Gasthaus Sulzbachs wäre. Vor dem Ausbau der Schnellstraße Wiesbaden–Frankfurt und der Errichtung des Main-Taunus-Zentrums wurde die Tank- und Rastanlage abgebrochen.

Die Tankstelle und Reparaturwerkstatt von Karl Krebs in der Schwalbacherstraße 45 im Jahre 1963. Als Audi-Vertragshändler gehörten auch der Neuwagenverkauf und Kundendienst zu seinem Geschäftsfeld. Neben den beiden Tankstellen „Auto-Engel" und „Krebs" stand Autofahrern noch die Dea-Tankstelle von Wilhelm Leuthner in der Bahnstraße 13 zur Verfügung.

Die Gaststätte „Zur Flinte" nutzte der Gesangverein „Eintracht" für seine Treffen. Zum Vereinsjubiläum im Jahre 1953 beteiligte sich der Wirt mit einem eigenen Festwagen an dem Umzug. Das Motto des Wagens lautete: „Gasthaus zur Flinte bietet zum Feste aus Küche und Keller nur das allerbeste."

Hinter dem Tresen der Gaststätte „Zur Flinte" stehen die Frauen ihren „Mann". Von links sieht man Margarethe Uhrig, Sophie Christian und deren Tochter Gerda Christian.

Der Gasthof „Zum Taunus" war von 1909 bis zum Abriss 1973 in Familienbesitz, seit Anfang der 1950er-Jahre war die Familie Hartkopf Inhaber des Gasthauses und nach der Hochzeit Else Hartkopfs mit Reinhold Mies die Familie Mies. Zahlreiche Vereine nutzten den großen und kleinen Saal als Treffpunkt. Die Ansichtskarte entstand Mitte der 1960er-Jahre.

Am Stammtisch des Gasthauses „Zum Taunus" sind von links Willi Kern, Wilfried Kern, Heinrich Christian, Alfred Kammer, Karl Christian, Luise Christian und Klaus Gampke zu sehen.

Die Postkarte zeigt die von Friedrich Jakob Kern im Jahre 1898 gegründete Gaststätte „Zum Schützenhof" nach dem Umbau 1966. Am 11. Dezember 1972 wurde das Gasthaus geschlossen, im Januar 1973 abgebrochen.

Im Gastraum des „Schützenhofs" erkennt man Anfang der 1970er-Jahre vor und hinter der Theke von links Gerda Jung, Walter Schulz, Gustav Schubert, Günter Seynstahl, Hans Müller, den Wirt Helmut Schmitt, seine Frau Kati Schmitt, Heinrich Schmitt, Frida Schubert, Heinrich Ziura, unbekannt, unbekannt und Christa Maier.

Der Gartenbaubetrieb Hardt in der Hauptstraße 37, Mitte der 1950er-Jahre. Damals wurden noch eigene Gewächshäuser betrieben. Auf dem Foto sind von links Josef Mirwald, Walter Mirwald, Katharine Hardt und Walter Hardt abgebildet.

1961 eröffnete Ingrid Pasdzior in der Hauptstraße 27 die erste Apotheke in Sulzbach. Bis zu diesem Zeitpunkt brachten Boten den Sulzbachern die Arzneimittel aus Bad Sodener Apotheken nach Hause. Die Mitarbeiterinnen waren Anfang der 1970er-Jahre (von links) Margarete Marres, Ingrid Pasdzior, Barbara Pasdzior, Karin Sonnemann und Heide Elsner.

Vor dem Friseursalon von Käthe Weber in der Hauptstraße 24 wurden von links Käthe Weber, der Kapellmeister Reinhard Bonnewitz, Gisela Weber, Elise Bonnewitz und Friedrich Fölsing vom Fotografen im Bild festgehalten.

Der Verkaufsraum der Bäckerei Sohr in der Hauptstraße 62 nach dem Umbau im Jahre 1973. Zwischen Irmgard und Alois Sohr steht Gunther Palubicki, der gelegentlich in der Bäckerei aushalf und von Alois Sohr scherzhaft als „Betriebsleiter" bezeichnet wurde.

Liesel und Karl Christian vor ihrer Bäckerei und dem gleichnamigen Café, das sie seit 1957 im ersten Stock in der Kirchstraße 17 betrieben. Umgangssprachlich wird die Kirchstraße als „Kirchgass“ bezeichnet. Vor der Eröffnung des IFA-Marktes im Jahre 1968 schloss das Café seine Pforten.

Die Backstube der Bäckerei Christian in der Haingrabenstraße 3 in den 1960er-Jahren. Von links sieht man Horst Christian, Mathilde Bähne und vor dem Backofen Enno Hadeler, der die Brötchen gerade in den Backofen einschießt.

Im September 1968 eröffneten Karl und Liesel Christian in der Haingrabenstraße 3 den IFA-Markt. Nach sechs Jahren übergaben sie das Geschäft an das Krifteler Unternehmen Horn & Kimbel, das 1976 den Ladenverkauf einstellte.

Vor der Backwarentheke im IFA-Markt steht Horst Christian, dahinter seine Schwester Anneliese und am rechten Rand Horst Dörer, der seine Zigarette auch beim Einkaufen im Mund behielt, was zu dieser Zeit offenbar niemanden störte.

10

FASTNACHT UND KERB

Fastnacht und Kerb brachten nach dem Zweiten Weltkrieg Abwechslung in den nicht immer leichten Alltag. Die Fastnachtsveranstaltungen fanden bis zum Bau der Eichwaldhalle im Jahre 1969 in den Sälen der Gaststätten „Zum Taunus“ und „Frankfurter Hof“ statt. Die Karnevalabteilung der Turn- und Sportgemeinde (TSG) veranstaltete ihre traditionellen Kappensitzungen, die Sängervereinigung ihren samstäglichen Maskenball und der Mandolinenverein den Lumpenball am Rosenmontag. Die erste Kerbeveranstaltung nach dem Krieg fand im Jahre 1949 statt. War es vor dem Zweiten Weltkrieg üblich, dass sich die Kerbeburschen aus den jeweiligen Musterungsjahrgängen rekrutierten und die Kerb ausrichteten, übernahmen dies in den 1960er-Jahren entweder die Handballer der TSG oder die Mitglieder der Feuerwehr. Die erste Faschingsfeier nach dem Zweiten Weltkrieg fand 1949 statt. Die Aufnahme zeigt die Narrenbühne in der Kampagne von 1951/52.

Die Prinzengarde und der Sitzungspräsident des Jahres 1956. Von links sind Veronika Buyny, Erna Beier, Leni Wohlfahrt, Willi Konrad, Edith Otto, Inge Burkard, Anneliese Geiß und kniend Dagmar Nietbaur zu erkennen.

Das närrische Komitee der TSG in der Kampagne von 1955/56 auf der Saalbühne des Gasthauses „Zum Taunus".

In der Fastnachtskampagne von 1958 brachten (von links) Änne Zöll, Georg Bär, Waltraud Best, Georg Gottschalk, Dagmar Nietbaur und Friedel Geiss südamerikanischen Flair auf die närrische Bühne.

Eine der ersten Aufführungen des Männerballetts in der Kappensitzung der TSG im Jahre 1963. Von links sieht man Erich Grötsch (kniend), dahinter Erich Gund, daneben Kurt Kleinsteuber und davor Klaus Ewald.

Im Saal des Gasthauses „Zum Taunus" entführten die „Hanelbachlerchen" die Besucher im zweiten Jahr ihres Bestehens, im Jahre 1963, mit dem Bändertanz ihrer Orientschau ins Morgenland.

1965 zogen die „Hanelbachlerchen" als fahrendes Volk in den Saal ein, um in einer „Zigeunerschau" ihr musikalisches Talent zu präsentieren. Nach dem Ende der Schau überreichte (von links) Erich Grötsch dem Bürgermeister Karl Reinke und seinem Vorgänger Heinrich Kleber ein „Mitbringsel" als Präsent.

„Hahn im Korb" war Seppel Wäsch im Kreis der Garde im Jahre 1967. Von links: Uschi Kohlermann, Gerlinde Kleinsteuber, Margot Holl, Leni Holl, Seppel Wäsch, Rita Bohrmann, Evi Kraus und Marianne Honfeck mit der Trainerin Anna Geiß.

Die „Hanelbachlerchen" 1967 als Seeleute auf großer Fahrt. Von links sind Erich Gund, Akkordeonspieler Dieter Buderus (verdeckt), Adolf Wettlaufer, Rolf Christian, Wilfried Ewald, Erich Grötsch und Walter Ewald zu erkennen.

1969 sieht man während der letzten Kampagne im Saal des Gasthofes „Zum Taunus“ von links Berta Grötsch, Mina Hornfeck, unbekannt, Karl und Ilse Reinke sowie Marie und Willi Geiß I.

Die TSG-Garde im Jahre 1969. Von links: Rita Bohrmann, Marianne Hornfeck, Trainerin Anna Geiß, Gerlinde Kleinsteuber, Margot Holl, Uschi Kohlermann und Leni Holl.

Rathaussturm! Die närrische Garde brachte im Jahre 1969 ihre Kanonen auf dem Vorplatz des Dorfgemeinschaftshauses zum „Angriff" auf die Verwaltung in Stellung. Es wurde aus allen Rohren gefeuert.

Dieses Foto entstand nach dem Rathaussturm. Willi Konrad (rechts mit Narrenkappe) verkündete die Kapitulation der Verwaltung und die Garde stand Spalier. Man erkennt von links Leni Holl, Uschi Kohlermann, Marianne Hornfeck, Margot Holl, Rita Bohrmann, Gerlinde Kleinsteuber, Herbert Niewerth, Robert Müller. Willi Konrad, (verdeckt) Ilona Leister und Ursula Geiß.

Der Gardenachwuchs auf der Treppe vor dem Dorfgemeinschaftshaus im Jahre 1969. In der hinteren Reihe stehen von links Ursula Müller, unbekannt, Sabine Anthes, unbekannt und Roswita Geiß und in der vorderen (von links) unbekannt, Irene Eberhardt, Monika Konrad, Kain Heun, Linda Baumgartl und Claudia Hedtler.

Mit ihrer Tanzdarbietung „Alte Kameraden" im Jahre 1970 brachten (von links) Rita Bohrmann, Gerlinde Kleinsteuber und Margot Holl Schwung auf die Bühne der Eichwaldhalle.

Der Protokoller Willi Geiß II. (links) neben dem Sitzungspräsidenten Willi Konrad im Jahre 1970.

Die TSG-Garde in der Eichwaldhalle im Jahre 1971. Von links sind Rita Neuhaus, Karin Heun, Marianne Hornfeck, Monika Konrad, Evi Mohr, Uschi Kohlermann, Margot Holl und Leni Holl zu sehen.

Unter dem Motto „Fußball-WM in Mexiko 1970" persiflierten die „Hanelbachlerchen" in der Kampagne von 1971 das Geschehen in Mittelamerika: Auf dem Flughafen von Mexiko-City herrschte Hochbetrieb. Der Flughafendirektor Gerhard Schneider (Mitte) und sein links am Mikrofon stehender Assistent Erich Grötsch hatten ein Problem mit den prominenten Gästen.

Der Leitspruch der „Hanelbachlerchen" lautete 1972: Sulzbach ist eine Reise Wert. Die Cowboys der Sulzbacher Ponderosa waren von links Jürgen Heim, Walter Ewald, Erich Gund, Erich Paulusch, Klaus Ewald Gerhard Schneider und Paul Göpfert.

Männer und Spitzentanz! Das TSG-Männerballett im Jahre 1972 mit (von links) Peter Nettig, Josef Mirwald, Helmut Albrecht, Hugo Kranz, Helmut Kranz und der „Ballerina" Helmut Polley.

1973 präsentierten sich die „Hanelbachlerchen" als Kellnertruppe des „Holiday-Inn" in Original-Kellneranzügen des Hotels. Die Akteure waren von links Walter Ewald, Erich Grötsch, Walter Mirwald, Klaus Ewald, Dieter Buderus, Erich Gund, Gerhard Schneider, Erich Paulusch, Jürgen Heim, Hans-Jürgen Wieczorek, Paul Göpfert und Rolf Christian.

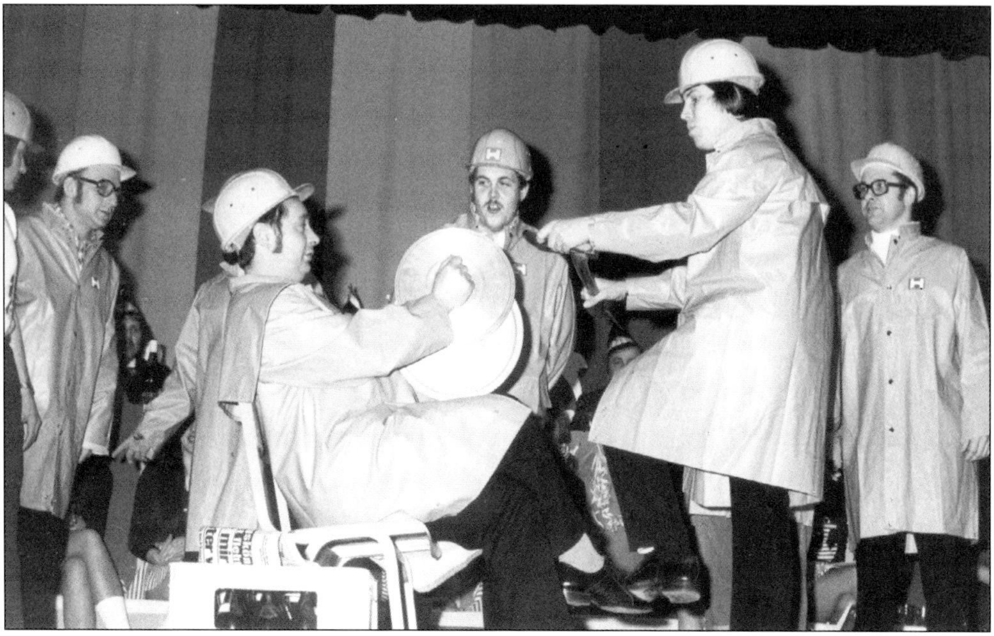

Unter dem Motto „Sanierungsbüro Abbruch & Co“ persiflierten die „Hanelbachlerchen“ 1974 die Geschehnisse um den Abriss der Gebäude am „Dalles“. Von links sieht man Walter Ewald, Rolf Christian, Jürgen Heim, Hans-Jürgen Wieczorek und Paul Göpfert.

Die „Hanelbachlerchen“ ließen in der Kampagne von 1975 den erfolgreichen „Kampf“ um die Selbstständigkeit noch einmal Revue passieren. Von links: Klaus Ewald, Jürgen Heim, Walter Ewald, Roland Mirwald, Dieter Buderus, Doris Anders, Walter Mirwald, Willi Geiß III., Hans-Jürgen Wieczorek, Erich Grötsch, Paul Göpfert, Walter Rohs und Rolf Christian.

Die Kerb hat in Sulzbach eine lange Tradition, die 1949 erstmals nach dem Zweiten Weltkrieg fortgesetzt wurde. Die Kerbeburschen organisierten einen der größten Umzüge in der Geschichte der Sulzbacher Kerb. Die Aufnahme entstand vor der Gaststätte „Frankfurter Hof“ und zeigt die Burschen mit ihrem „Kerbevadder“.

Neben den Kerbeburschen nahmen an diesem ersten Umzug nach dem Zweiten Weltkrieg auch einige junge Damen des Dorfes teil, so auch (von links) Marga Leube, Hilde Anthes, Waltraud Heun und Margarethe Fuchs.

Auf dem Kerbeplatz im Jahre 1952 ist von links Hedelore Steinbrech und daneben die Familie Becker aus der Schwalbacherstraße 27 mit Mutter Toni, den Töchtern Renate und Rosi sowie Vater Heinrich mit Sohn Heinz zu erkennen.

Das Karussell von Jakob Beitz aus Neuenhain wurde während der Kerb des Jahres 1954 traditionell auf dem Platz zwischen dem ehemaligen Rathaus und dem Anwesen Wittich aufgebaut. Das Bild zeigt die Brüder Heinrich und Erich Morhardt vom gleichnamigen Hof in der Kirchstraße 11.

Der Kerbehammel ist ein Muss bei jeder Kerb. Die Hammelführer Ralf Humburg (links) und Klaus Wittich führen im Jahre 1975 den Kerbezug an.

Nach dem Kerbehammel kommen die Kerbeburschen mit dem Kerbebaum und der notwendigen Verpflegung. Das Foto wurde in der Hauptstraße aufgenommen. Auf dem Traktor sieht man Werner Anthes.

Der Kerbebaum wurde 1975 auf dem Gelände der abgerissenen Gaststätte „Zum Taunus“ aufgestellt. Damit der Baum aufgerichtet werden kann, sind viele Helfer mit unterschiedlich langen Stangen notwendig, die ihn in mehren Schritten in seine senkrechte Position bringen. Eine schweißtreibende Arbeit, die die Zuschauer interessiert beobachten.

Ein Teil des traditionellen Kerbeplatzes zwischen dem „Dalles“, der Fronhofstraße und der Kirchstraße, dem heutigen Platz an der Linde. Im Hintergrund der Kerbebaum mit dem Kerbehannes.

Traditionell wird der Kerbehannes am letzen Sonntag der Galluskerb verbrannt. Im Jahre 1967 hatte sich die „Beerdigungsmannschaft" der Handballer der TSG im Hof der Hauptstraße 12 zu einem Gruppenbild mit dem Kerbehannes aufgestellt, kurz bevor er sein „Ende" erwartete.

Kerbeburschen im Jahre 1975. Von links: Egon Koch, Raimund Brau, Robert Christian, Helmut Gregori, Helmut Prager, Siggi und Helen Besser, Werner Anthes, Willi Anthes, Wilhelm Noll, Hans-Jürgen Wiezcorek, Hubert Brendel, Heinz Konrad, Erich Grötsch, Reinhold Emde, Jörg Weil, Richard Fuchs, als Fahnenträger Klaus Wacker, Achim Schulz und Horst Konrad.

BÜCHER AUS IHRER REGION

Sulzbach am Taunus
Joachim Siebenhaar
ISBN: 978-3-89702-170-9 | 17,90 € [D]

Schulsachen. Elfriedes erster Fall
Ein Taunus-Krimi
Veronika Aydin, Kerstin Klamroth
ISBN: 978-3-95400-140-8 | 12,00 € [D]

Frankfurt-Höchst
Markus Grossbach, Wolfgang Weber
ISBN: 978-3-89702-333-8 | 17,90 € [D]

Frankfurt am Main
in frühen Farbdias 1936 bis 1943
Tobias Picard
ISBN: 978-3-86680-760-0 | 22,95 € [D]

Ich bin ein Mörder
Ein Frankfurt-Krimi
Brigitte Pons
ISBN: 978-3-86680-864-5 | 12,00 € [D]

Weitere Bücher aus Ihrer Region finden Sie unter:
www.suttonverlag.de

SUTTON VERLAG Wir machen Geschichte